交通与能源
融合技术发展

（2024）

长安大学交通与能源融合研究院
WTC 交通与能源融合学科委员会

人民交通出版社

北　京

图书在版编目（CIP）数据

交通与能源融合技术发展. 2024 / 长安大学交通与能源融合研究院，WTC 交通与能源融合学科委员会主编. — 北京：人民交通出版社股份有限公司，2024.9.
ISBN 978-7-114-19617-1

Ⅰ．F512.3；F426.2

中国国家版本馆 CIP 数据核字第 2024823UN8 号

Jiaotong yu Nengyuan Ronghe Jishu Fazhan（2024）
书　名：**交通与能源融合技术发展（2024）**
著 作 者：长安大学交通与能源融合研究院
　　　　　WTC 交通与能源融合学科委员会
责任编辑：刘永超　　刘　彤
责任校对：赵媛媛　　刘　璇
责任印制：刘高彤
出版发行：人民交通出版社
地　　址：（100011）北京市朝阳区安定门外外馆斜街 3 号
网　　址：http://www.ccpcl.com.cn
销售电话：（010）85285857
总 经 销：人民交通出版社发行部
经　　销：各地新华书店
印　　刷：北京市密东印刷有限公司
开　　本：710×1000　1/16
印　　张：5.75
字　　数：70 千
版　　次：2024 年 9 月　第 1 版
印　　次：2024 年 9 月　第 1 次印刷
书　　号：ISBN 978-7-114-19617-1
定　　价：60.00 元

（有印刷、装订质量问题的图书，由本社负责调换）

交通与能源融合技术发展

（2024）

主　　编：沙爱民　贾利民

参编人员：刘状壮　胡力群　蒋　玮　王　飚

　　　　　孙泽强　廉向东　张懿璞　代　亮

　　　　　徐先峰　柯　吉　李茂文　马　静

　　　　　孟春雷　罗小刚　马莲霞　金成日

主编单位：长安大学交通与能源融合研究院

　　　　　WTC交通与能源融合学科委员会

参编单位：北京交通大学

　　　　　华北电力大学

　　　　　交通运输部公路科学研究所

　　　　　新疆交通投资（集团）有限责任公司

　　　　　广西交通投资集团有限公司

　　　　　北京能高自动化技术股份有限公司

目录

编制概要 …………………………………………………………… 1

一、基础作用 …………………………………………………… 3
（一）交通和能源是人类社会经济发展的基础驱动力 ………… 3
（二）交通和能源是人类文明发展历史的断代标志 …………… 4
（三）交通与能源融合是交通科技创新发展的必由之路 ……… 5

二、形势需求 …………………………………………………… 6
（一）国家总体安全保障需求 …………………………………… 6
（二）"双碳"目标导向的交通能源转型需求 ………………… 7
（三）社会经济运行的弹性保障需求 …………………………… 7
（四）新质生产力和交通与能源产业发展需求 ………………… 8

三、发展目标与策略 …………………………………………… 10
（一）战略目标 …………………………………………………… 10

（二）发展目标 ·· 11
　　（三）发展策略 ·· 12

四、主要任务 ··· 14
　　（一）资产能源化支撑下的交通能源基础设施体系重构 ········ 14
　　（二）交通自洽能源系统构型与适应优化 ····················· 14
　　（三）交通系统用能清洁化与绿色运维技术 ··················· 16
　　（四）交通自洽能源系统配置、优化与稳定性保障 ············ 16
　　（五）交通自洽能源系统规划、设计与管理 ··················· 17

五、发展路线 ··· 19
　　（一）发展路线图 ·· 19
　　（二）发展技术路线 ·· 21

六、保障体系 ··· 26
　　（一）政策体系 ··· 26
　　（二）技术体系 ··· 27
　　（三）标准体系 ··· 28
　　（四）产业体系 ··· 29
　　（五）人才体系 ··· 30

七、典型场景 ··· 31
　　（一）运输方式 ··· 31
　　（二）电网条件 ··· 32
　　（三）资源禀赋 ··· 32
　　（四）地域特征 ··· 34

（五）负荷需求 ··· 35
（六）实践案例 ··· 36

八、发展趋势 ··· 38
（一）政策和标准体系建设更加完备 ··············· 38
（二）交通与能源融合程度更加深入 ··············· 38
（三）市场化和产业化运作更加顺畅 ··············· 38
（四）技术与人才供给更有保障 ······················ 39

结语 ··· 40

附件 ··· 41

编制概要

2023年,由长安大学牵头,国内相关高校、研究所和企业等共同编制发布了《交通与能源融合技术发展(2023)》,对推动交通与能源融合发展发挥了积极作用。

在当今百年未有之大变局和全球应对气候变化的背景下,我国交通与能源融合发展和技术创新具有了前所未有的重大意义。面对资源紧缺、气候变化、环境污染等挑战,以及正在发生的科技和产业革命,绿色、低碳、可持续已经成为社会经济发展的主旋律。交通与能源融合,充分利用交通资产能源化和交通用能绿色化,是实现"双碳"目标的必要路径和实践范式。

交通与能源融合不仅是技术融合,更是由技术融合驱动的模式融合、形态融合和产业融合。交通与能源融合技术,是对既有技术、模式、体系和资源组织利用方式的系统化、创新性重构。在此背景下,交通与能源融合发展需要擘画其作用、需求、目标、策略、任务、路径和保障等在内的清晰蓝图,在交通强国、碳中和以及国家总体安全目标导向下,系统有序地开展科技、产业和应用创新。对我国而言,交通与能源融合更具有现实紧迫性和重大战略意义。

在2023年版基础上,《交通与能源融合技术发展（2024）》进一步总结了交通与能源融合技术发展的作用和形势需求,明确了交通与能源融合的发展目标策略,规划了技术创新的主要任务,绘制了面向未来的交通与能源融合技术发展路线图,探究了交通与能源融合技术和应用发展的保障体系,定义了交通与能源融合发展的典型场景,提出了交通与能源融合发展在政策和标准、技术体系、产业体系、人才体系等方面的努力方向。

本书是在国家、行业、地方和企业科技创新与应用实践的支持下,在深入思考、系统总结和凝聚共识的基础上形成的。希望本书的出版,能为参与交通与能源融合技术、产业和应用创新的同仁们在研究、规划、设计、建造、运营和管理等方面提供参考、指引和借鉴。

一、基础作用

（一）交通和能源是人类社会经济发展的基础驱动力

交通和能源是人类文明进步和发展的基础性保障。 食、住、行，是人类社会发展的三大物质基础，分别对应着农业、建筑和交通。其中，食和行，即农业和交通，都严重依赖能源保障。因此，农业、交通和能源，共同构成人类文明进步和发展的三大基础保障。

交通和能源同为战略性、基础性、全局性行业，和人类社会共生共荣。 交通和能源与人类文明的发展广泛且紧密联系，二者的融合与协同发展决定着人类社会经济的发展模式和文明发展水平。能源利用模式决定了交通方式，交通形态决定了主力能源类型。因此，能源是交通发展的基础保障，交通是包括能源在内众多产业的发展先行官。交通与能源的融合发展水平，是人类社会经济发展模式以及发展水平的集中体现。人类文明的发展史，就是交通、能源及其融合的演化和进步史。

（二）交通和能源是人类文明发展历史的断代标志

交通和能源在人类发展历史上一直存在着互相依存、协同演进的共生关系。 交通解决位移问题，位移需要能源；能源的空间转移靠交通。交通领域的载运工具、基础设施和管理服务系统的正常运行需要充足可靠的能源支撑，而各种固态、液态、气态能源的运输离不开四通八达的交通网。

交通方式及其能源利用模式是人类文明发展阶段的重要标志。 在人类历史上，蒸汽机的发明标志着人类社会从以生物质能源驱动的农业社会进入了以化石能源驱动的工业社会，其间发生了第一次工业革命和第二次工业革命。电力的应用使交通动力从蒸汽化、油气化阶段迈入电气化阶段。信息革命的爆发，使交通与能源的融合与协同模式具备更高的效率、安全性和弹性。在现代社会和后现代社会，交通的发展正在迈向以客货运输为目的、以设施联通为基础、以能源联通为保障、以信息联通为赋能的运输服务网、基础设施网、能源网、信息网"四网"融合阶段。

图 1　交通和能源共同推动人类文明进步

(三) 交通与能源融合是交通科技创新发展的必由之路

交通运输的发展水平是国家和地区经济社会发展水平的重要标志。 我国已建成了世界上总体规模最大的综合交通运输系统，其中高速公路和高速铁路运营里程位居世界首位，水路与民航运输作用日益凸显、地位举足轻重。现代社会经济的发展，需要更安全、更高效、更绿色、更智慧的现代交通运输系统。

交通与能源融合是交通向绿色化发展的能源结构转型及其科技创新发展的必由之路。 以清洁能源利用为标志的交通用能绿色化、以路域可再生能源利用为标志的交通资产能源化，及以交通能源自洽为标志的"四网"融合韧性化，在数智赋能/使能下，可实现更高的安全性、效率和服务水平，推动交通系统产业转型与升级，推进交通设施与能源设施统筹布局规划建设。交通与能源技术和产业的深度融合，将为社会经济的持续创新发展描绘面向未来的道路和崭新图景。

二、形势需求

当今世界面临百年未有之大变局，国家总体安全保障、"双碳"目标导向的能源转型、社会经济运行的弹性需求和交通高新技术产业发展都面临着巨大的挑战和新的发展机遇。交通与能源融合将为新形势下应对各方挑战、塑造未来交通系统、推动社会经济转型发展，提供新模式、新路径和关键支撑保障。

（一）国家总体安全保障需求

我国交通对化石能源的庞大需求导致我国油气对外依存度居高不下，国家能源安全和总体安全受到前所未有的挑战。 为了全面系统深入地贯彻实施"交通强国"战略和"四个革命、一个合作"能源安全战略，必然要求交通与可再生能源的融合发展。实现具有典型的高动态时空分布特征的交通系统用能的分布式自洽供给，是国家能源安全与总体安全强有力的支撑和保障。

(二)"双碳"目标导向的交通能源转型需求

交通作为三大能源负荷和高碳排放行业之一,其能源结构转型是全社会减排和实现"双碳"目标的关键举措。通过全过程设计和全生命周期规划,明确交通减排与能源替代的重点和方向,以交通系统绿色化、交通能源清洁化发展需求为引领,通过绿色交通与可再生能源深度融合,加速我国交通用能从高碳向低碳、零碳方向发展,助力"双碳"目标实现。

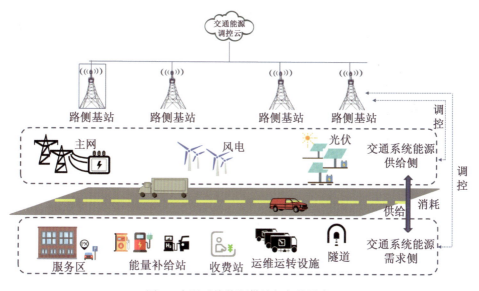

图 2　交通系统能源供给与负荷需求

(三)社会经济运行的弹性保障需求

社会经济运行的弹性依赖交通系统的连通性保持和通行能力运用的可靠性,交通系统的高效运行在很大程度上取决于能源的可及性与高效性。交通能源的全天候持续供给保障,是交通发挥社会经济运行基础作用的前提。交通能源自洽不仅是交通系统抵御既有能源供给模式脆弱性的必然选择，也是摆脱交通智能化发展能源可及性困境的关键所在。交通与可再生能源的深度融合，为满足交通弹性运行和社会经济安全发展需求提供了切实的可能性。

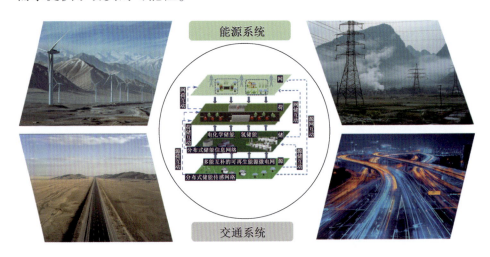

图 3　社会经济运行依赖交通能源系统的弹性

（四）新质生产力和交通与能源产业发展需求

交通和能源都是国家科技成就和产业能力的集大成行业，其发展水平是国家社会经济发展和竞争力水平的重要标志。我国已进入以新质生产力为核心要素的转型发展新阶段，交通与能源融合必将形成绿色交通发展生产力，从而促进交通和能源相关的新技术、新业态、新产业和新模式的形成与发展。交通与能源融合将促进可再生能源应用，改变交通与能源互动关系，优化交通能源结构，引领交通绿色化、智能化和弹性化发展，促进交通能源动力变革。作为交通新质生产力的典型形态，交通与能源融合的相关高新技术和产业发展，将为我国社会经济和产业体

>>> 二、形势需求

系发展模式转型提供基础性、全局性和战略性支撑。

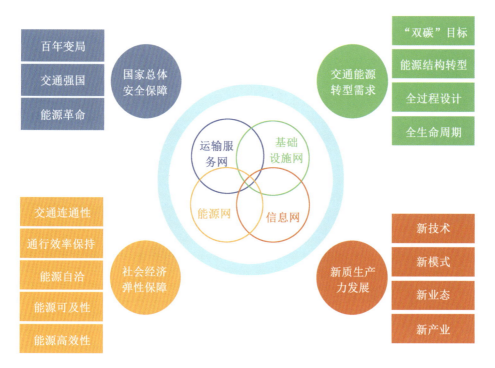

图 4　交通与能源融合形势需求

三、发展目标与策略

（一）战略目标

保障交通运输系统弹性。全方位保障交通能源供给安全，实现全交通域的连通性、适应性和弹性。完善不同种类清洁能源的交通侧供给，通过协同调度与控制，在空间上实现交通与能源的匹配平衡，解决广大弱电和无电网地区以及智能化发展的交通能源可及性问题，为绿色智慧、安全高效的新型交通体系构建用能安全基础。

发展新型综合交通系统。以清洁化、绿色化的新能源为主体的综合交通，实现运输服务网、基础设施网、信息网与能源网的"四网"融合发展，推动清洁能源在综合交通系统中的应用，进一步提升能源效率、减少排放，实现智能化、绿色化的实质性突破，形成交通运输领域绿色产能用能方式，促进交通运输发展向世界一流水平迈进。

实现交通系统模式变革。需要尽快建立起推动交通与能源融合发展亟须且事关全局的关键制度和机制，解决绿色交通发展的原生动力和支撑能力问题，促进交通能源供给模式的转型与重构，大幅提高清洁能源在交通能源系统中的渗透率，全面建成以绿色发展为导向的标准规范体系、科技创新体系、保障机制体系和监督管理体系。

强化交通强国科技支撑。全面提升交通网域新能源开发利用创新能力，建成与国情相适应的、完善的交通能源融合技术和交通自洽能源系统创新体系；可再生能源开发利用创新能力全面提升，促进我国交通能源产业与生态环境协调可持续发展，支撑能源安全战略，实现交通强国建设目标。

图5 交通自洽能源系统构成与保障

（二）发展目标

引领交通能源结构转型及弹性提升。坚持统筹兼顾，全面规划。在保障清洁能源安全可靠的前提下，推进发展与交通相适应的分布式能源系统、储能技术和可再生能源，确保交通能源供应的稳定性和多样性，逐步减小化石能源在交通能源中的占比。完善交通能源弹性保障体系与能力建设，建立多源多态能源供应体系，推进交通基础设施与交通能源供给的一体化和协调化，实现交通系统的能源结构转型与弹性提升。

摆脱交通智能化发展的能源可及性困境。从智能交通基础设施自身运行的特点和交通负荷的多样能源需求出发，坚持以交通需求导向的可持续清洁能源科技创新为重点，以持续供应可靠和经济的清洁能源为驱动，率先解决自然禀赋丰度高地区的能源可及性不足的问题，实现智能交通供用能多样化，全面提升交通智能化能源保障水平。

保障交通节能减排和绿色化的科技供给。加快交通运输绿色低碳科技创新和新能源应用，提升能源利用效率，降低运输过程碳排放，推进低碳交通运输体系建设，发展交通能源融合系统一体化智能化管理策略，构建清洁、绿色和经济的交通能源系统，实现交通系统能源自洽，促进交通与能源融合，推动交通运输高质量发展，助力"双碳"目标实现。

提升交通运输系统安全和服务水平。完善交通与能源基础设施安全技术标准规范、安全生产和工程建设质量管理体系，强化新型交通基础设施运营与管理专业化、信息化水平和多样化用能支撑保障体系、交通能源应急保障能力。培育充满活力的交通能源市场，建立高效便捷的服务体系，推动交通能源服务升级换代，催生交通服务新业态新模式，推进交通能源终端和末端公共服务平台建设与水平提升。

（三）发展策略

加快建立覆盖全生命周期的支持政策及多方联动工作体制机制。加快完善土地、资金、消纳指标、电网交互等方面的保障支持政策，顺畅化交通与能源融合发展相关各个环节的体制机制障碍，加快制定交通能源融合技术标准规范，建立涵盖规划设计、工程建设、安全环保、运营维护、碳排放监测核算等全环节的技术标准体系，提高交通能源融合技术应用的一致性和可操作性。

推进交通能源与基础设施网一体化规划建设。统筹布局规划建设，推动交通用能低碳转型及典型场景下的新能源就地替代，并通过优化资源配置和统一规划，确保新能源在各类交通场景中的有效应用。创新多主体共建共管、共享共营的模式机制，提高设施与资源综合利用效率，推动交通资产能源化，实现交通能源绿色转型，促进交通能源网有效支撑下的交通用能绿色化。

构建交通与能源融合发展的产业生态。提升交通能源全产业链自主可控能力和绿色发展水平，促进交通智能化与绿色化发展的深度融合，建立可持续的交通能源产业创新生态和发展模式，利用新兴智能科技，实现交通能源系统的智能化、数字化和一体化管理，构建自洽能源支撑的高效、安全、绿色的现代交通体系。

加大交通与能源融合领域关键技术研发力度。集中攻关多样化交通场景驱动的新能源开发、绿色供能规划设计、路域输送与多能变换等关键技术，提高能源输送效率和多能转换能力；重点突破电、热、冷、氢高效变换，实现异种能源系统化协同。开发多网融合智慧运营等核心装备，提升交通能源系统的运营效率和管理水平，确保交通与能源融合的全产业链在技术上的全面突破和持续发展，为交通能源融合产业发展提供有力技术支撑。

四、主要任务

（一）资产能源化支撑下的交通能源基础设施体系重构

根据交通域地理信息和空间布局复杂因素下的自然资源分布特性，协同多交通场景下的用能保障需求，探索多元多态能源集成互补机制、交织融合模式及动态匹配方法，形成交通基础设施资产能源化技术体系。通过对交通基础设施供用能场景的模拟推演，构建分布式、清洁化、可再生、易补给、近零碳交通能源供给系统。突破可再生能源与电氢转换等多能变换及存储技术，支持实现气、电、氢、风、光、储等综合绿色交通能源自治补给体系重构。

（二）交通自治能源系统构型与适应优化

面向交通新质生产力绿色低碳高质量发展的内在属性，确立适应差异化场景供用能特性的灵活弹性的交通自治能源系统架构，实现信息网支撑下的交通设施网和交通能源网的高效、安全和经济互动与协同。确立交通自治能源系统分层递阶管控与局部自治模式，开发交通自治能源管理技术与安全保障技术。形成差异化自然禀赋条件下由运输服务网、设施网、信息网、能源网"四网"融合一体的交通自洽能源系统网络构型理论与方法,确保交通系统能源供给的安全性、稳定性、经济性和环保性。

图 6 交通与能源融合场景与体系构建

图 7 交通自洽能源系统构型与优化

（三）交通系统用能清洁化与绿色运维技术

持续推动交通载运装备及运维运转装备用能清洁化、动力高效化、结构轻量化，蓄力发展大功率充换电技术，重点针对强、弱、无电网的特性及多方式能源补给的典型应用场景，实现交通装备与清洁能源的高度适配。充分考虑交通运输分布规律、运行特点和智能化水平约束下的用能特征，明确交通多场景用能机理，实现数字化手段支撑下的交通用能状态全面感知和需求侧响应智慧互动。确定交通系统与自洽能源系统协同运维策略，实现交通系统全面绿色、低碳和零碳运维。

图 8　交通用能清洁化与绿色运维

（四）交通自洽能源系统配置、优化与稳定性保障

构建适配于交通场景需求的自洽能源系统多能变换、能量路由、

车网互动等装置装备谱系,综合考虑交通场景、能源类型、系统规模、储能模式,并有效平衡经济性、可靠性以及环境影响等要素,实现交通自洽能源系统配置优化。大力发展路域新能源消纳、交能负荷响应管控、高效能与高弹性运行与优化的交通能源自洽技术,持续深化交通自洽能源系统的高效运行和稳定性保障。研究交通自洽能源系统状态估计与预测技术,面向采集、存储、变换、传输和应用等环节,提出交通需求导向下的高效能量管理控制策略,以保障系统优化运行。

图9 交通自洽能源系统配置、优化与保障

(五)交通自洽能源系统规划、设计与管理

在考虑多源多态清洁能源高效利用和交通多场景融合的基础上,形成交通自洽能源系统一体化规划设计理论与方法,实现交通自洽能源系统基础设施可用空间范围识别、自然禀赋合理评价及清洁能源供给的精准评估,预测交通基础设施建设、运行、管理以及维护阶段典型用能节

点动、静态负荷特征。考虑电网情况、用电政策以及环境条件的多场景、多模式下交通自洽能源系统架构体系适配性及多目标、多约束下运行策略及配置优化，提升既有、新建交通自洽能源系统的稳定性、安全性、可维护性。

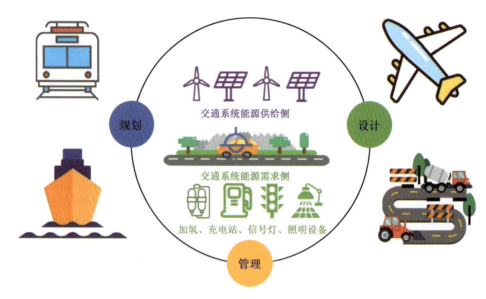

图10 交通自洽能源系统规划、设计与管理

五、发展路线

（一）发展路线图

我国交通与能源融合总体将按照"优先发展""持续发展""巩固发展"三个阶段逐步实现其一体化协同发展。

优先发展阶段：优先发展自然禀赋丰度高、交通能源供给弹性低、电网覆盖弱/无、交通负荷空间分布稀疏的地区，或对国家安全敏感的交通基础设施群的以可再生能源和储能供电为主要供能方式的交通能源自洽系统，保障此类地区或设施的能源供给，确保全生命周期绿色供能可及性与系统弹性。

持续发展阶段：持续发展自然禀赋适中、能源供给充沛、多能供给适宜的地区，建成以风、光、氢、水等清洁能源为代表的"源网荷储"一体化交通能源融合系统，实现多区域综合能源的智慧调度。

巩固发展阶段：巩固发展自然禀赋较低、电网供给弱的地区，以可再生能源、储能和网联化综合能源微网为主体，以支撑稳定、绿色、高效、智慧、弹性的交通运输服务为目标，建成以清洁能源为主体的高自洽、高智能、高弹性、低排放综合交通能源系统及其运营保障体系，全面支撑保障交通强国和"双碳"目标实现。

全国太阳辐射总量等级和区域分布如表1所示。

全国太阳辐射总量等级和区域分布　　　　表1

等级	年总量（MJ/m²）	年总量（kW·h/m²）	年平均辐照度（W/m²）	占国土面积（%）	主要地区
最丰富	≥6300	≥1750	≥200	22.8	内蒙古额济纳旗以西、甘肃酒泉以西、青海100°E以西大部分地区、西藏94°E以西大部分地区、新疆东部边缘地区、四川甘孜部分地区
很丰富	5040~6300	1400~1750	160~200	44.0	新疆大部、内蒙古额济纳旗以东大部、黑龙江西部、吉林西部、辽宁西部、河北大部、北京、天津、山东东部、山西大部、陕西北部、宁夏、甘肃酒泉以东大部、青海东部边缘、西藏94°E以东、四川中西部、云南大部、海南
较丰富	3780~5040	1050~1400	120~160	29.8	内蒙古50°N以北、黑龙江大部、吉林中东部、辽宁中东部、山东中西部、山西南部、陕西中南部、甘肃东部边缘、四川中部、云南东部边缘、贵州南部、湖南大部、湖北大部、广西、广东、福建、江苏、浙江、安徽、河南
一般	<3780	<1050	<120	3.3	四川东部、重庆大部、贵州中北部、湖北110°E以西、湖南西北部

> 五、发展路线

以交通与能源融合的主要任务为导向，以引领交通能源结构转型及弹性提升、摆脱交通智能化发展的能源可及性困境、保障交通节能减排和绿色化科技供给、提升交通安全和服务水平为发展目标，全面促进交通与能源融合的高质量发展。

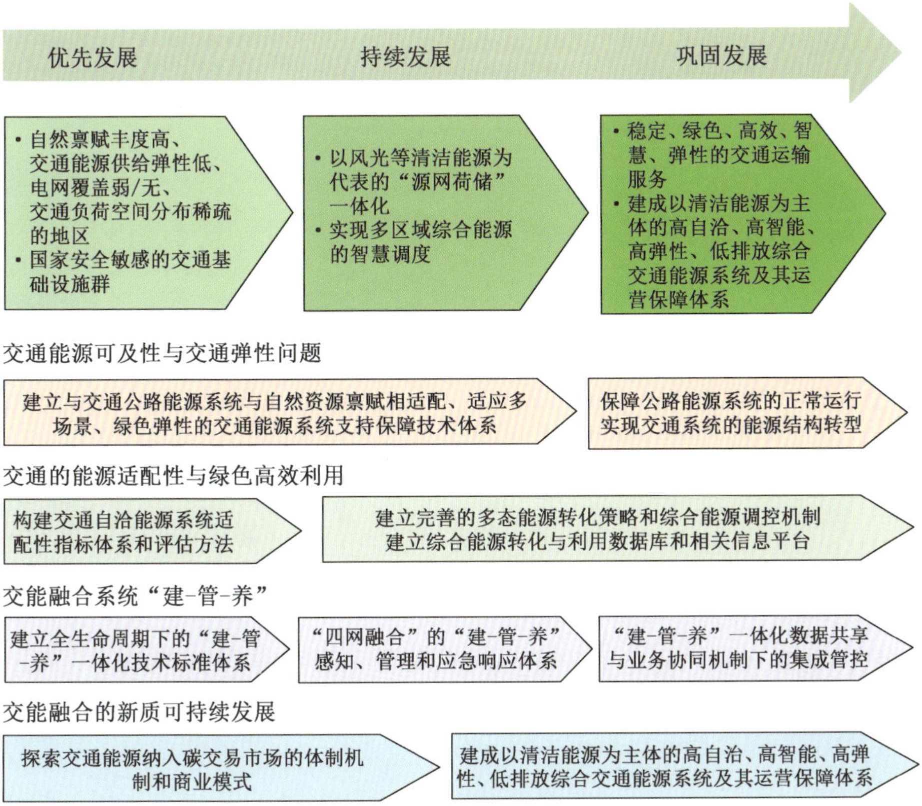

优先发展 → 持续发展 → 巩固发展

- 自然禀赋丰度高、交通能源供给弹性低、电网覆盖弱/无、交通负荷空间分布稀疏的地区
- 国家安全敏感的交通基础设施群

- 以风光等清洁能源为代表的"源网荷储"一体化
- 实现多区域综合能源的智慧调度

- 稳定、绿色、高效、智慧、弹性的交通运输服务
- 建成以清洁能源为主体的高自洽、高智能、高弹性、低排放综合交通能源系统及其运营保障体系

交通能源可及性与交通弹性问题

- 建立与交通公路能源系统与自然资源禀赋相适配、适应多场景、绿色弹性的交通能源系统支持保障技术体系
- 保障公路能源系统的正常运行实现交通系统的能源结构转型

交通的能源适配性与绿色高效利用

- 构建交通自洽能源系统适配性指标体系和评估方法
- 建立完善的多态能源转化策略和综合能源调控机制 建立综合能源转化与利用数据库和相关信息平台

交能融合系统"建-管-养"

- 建立全生命周期下的"建-管-养"一体化技术标准体系
- "四网融合"的"建-管-养"感知、管理和应急响应体系
- "建-管-养"一体化数据共享与业务协同机制下的集成管控

交能融合的新质可持续发展

- 探索交通能源纳入碳交易市场的体制机制和商业模式
- 建成以清洁能源为主体的高自洽、高智能、高弹性、低排放综合交通能源系统及其运营保障体系

图 11 交通与能源融合发展路线图

（二）发展技术路线

为实现上述交通与能源融合发展的总体目标，需要重点解决交通能源可及性问题、路域能源高效利用问题、新能源驱动的"建-管-养"问题和交能融合可持续发展问题。

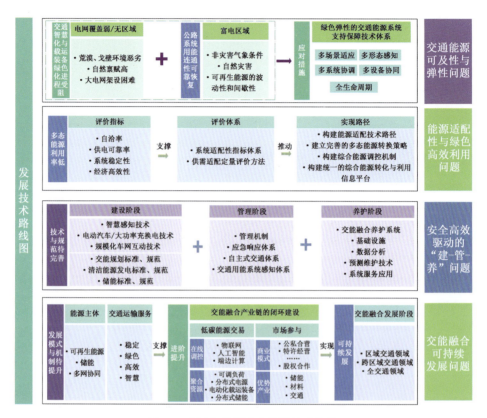

图 12　交通与能源融合发展技术路线

1. 弱电网和无网区域交通能源可及性与富电区域的交通能源系统弹性

由于我国自然资源禀赋的差异化特性，智能交通的能源可及性问题在东西部地区呈现出不同的表现形式。西部弱电网和无网区域因自然环境恶劣，交通智能化与载运装备绿色化的进程严重受制于能源的可及性；东部富电区域在非灾害性气象条件、自然灾害等极端事件下，因可再生能源的波动性和间歇性，则需要应对用能连通性可靠恢复的问题。将交通能源系统与自然资源禀赋相适配，形成适应多场景、绿色弹性的交通自洽能源系统保障技术，保障交通能源系统正常运行，解决弱电网和无网区域的交通能源可及性与富电区域的交通弹性问题。

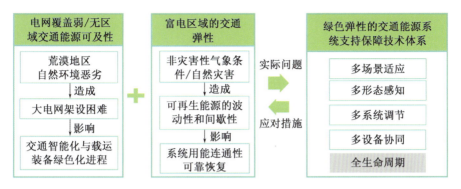

图 13　交通能源系统高弹性技术路线图

2. 智能交通新属性的能源适配与多态能源转换

随着交通系统客运与货运需求激增、基建与设施规模庞大、自主性需求的不断增加，与之相适配的能源系统有了新的挑战，提高交通系统的能源适配性，实现多态能源转化与开发，确保系统的长期稳定与能源的高效利用。针对以非碳基能源发电为交通用电负荷供能的适配性问题，构建包含自洽率、供电可靠率、系统稳定性和经济高效性的交通自洽能源系统适配性指标体系、适配路径和定量评估方法。在多态能源转化与开发上，秉承高效转化与利用的原则，通过梳理多态能源转化的技术路径，建立完善的多态能源转化策略和综合能源调控机制，建立综合能源转化与利用数据库和相关信息平台。

图 14　智能交通能源适配与多态能源转换技术路线

3. 安全高效可靠的新能源驱动的交通系统"建-管-养"

随着安全、便捷、高效、绿色、经济的现代化交通运输体系建设取得重大进展，交通基础设施仍需完善，提质增效升级和高质量发展要求更加迫切。针对安全高效可靠的新能源驱动的交通系统在"建-管-养"相关技术与规范方面不完善的问题，综合考虑多方面因素，建立确保系统长期稳定与可持续发展的技术体系与管理机制。注重引入和应用建设智能感知技术、电动汽车与大功率充换电技术、规模化车网互动技术、物联网、大数据和人工智能等先进技术，建立精细化设计和施工相关的标准和规范。结合先进交通和交通用能融合系统感知体系，建立完善的管理机制和应急响应体系，提高响应速度和管理效率，确保系统运行的安全与稳定。重点关注交通设备和基础设施的电气化改造，采用预防性维护策略，通过人工智能和预测性维护技术，实现降本增效和健康管理。建立"建-管-养"一体化数据共享与业务协同机制，确保建设、管理与养护的无缝衔接，形成闭环管理体系。

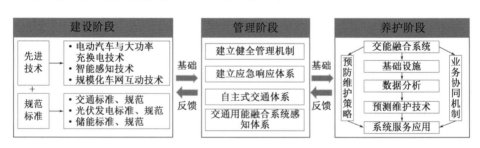

图 15　能源自洽的交通系统"建-管-养"技术路线

4. 面向全交通域的交能融合可持续发展

以可再生能源、储能和多网协同供能为能源主体，推动交通网和能源网的集成共享和深度耦合发展。利用物联网、人工智能、端边计算等技术，通过互联网平台将分布在路域的可调负荷、分布式电源、电动化

>>> 五、发展路线

载运装备、分布式储能等海量用户侧资源进行聚合，实现资源优化配置和效率最大化。进一步完善交通能源市场交易机制，合理响应电网需求来保障交通自洽能源系统的经济性。鼓励社会资本通过公私合作、股权合作和特许经营等方式，参与交能融合项目的投资建设。利用集中储能、材料和交通等产业领域优势，推动交能融合产业链的闭环建设，以长期稳定的收益支持交能融合的可持续发展。从区域交通能源融合，逐步扩展到跨区域交通能源融合，最终覆盖整个综合立体交通网，建设高自洽、高智慧、高弹性、低排放的交通与能源融合系统。

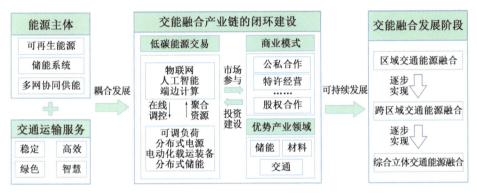

图 16 交通与能源融合系统支撑技术路线

六、保障体系

为保障交通与能源融合科学发展、有序发展、可持续发展，需加强政策机制的融合创新，大力推动交通清洁能源替代的技术创新；加强交通与能源领域标准规范的对接协调，推进交通自洽能源系统标准体系构建，提升交能融合技术标准化水平，提高交通能源系统经济可持续性；打造交通与能源全方位融合的产业链，全力构建交能融合创新共同体；凝聚各领域顶尖优秀人才合作与复合型人才培养。

（一）政策体系

交通运输作为与工业、能源并列的三大主要碳排放行业之一，统筹推进零碳转型与支撑经济增长的任务十分艰巨。交通系统的绿色发展对于实现国家"双碳"目标至关重要。

近年来，中共中央、国务院、交通运输部等陆续发布了多项政策和规划，见表2。其中，重点针对推动运输能源结构调整、绿色交通装备升级、清洁能源推广等内容，提出了重要举措。这些政策的出台，为各地落实《交通强国建设纲要》《国家综合立体交通网规划纲要》《2030

年前碳达峰行动方案》等重大战略规划提供政策保障和实施依据。

近5年国家与行业部分政策一览　　表2

时间	发布部门	政策名称
2024年8月	中共中央　国务院	关于加快经济社会发展全面绿色转型的意见
2024年5月	交通运输部等十三部门	交通运输大规模设备更新行动方案
2024年5月	国务院	2024—2025年节能降碳行动方案
2023年6月	国务院	关于进一步构建高质量充电基础设施体系的指导意见
2023年3月	国家发展改革委	绿色产业指导目录（2023年版）
2022年1月	交通运输部	公路"十四五"发展规划
2022年1月	交通运输部 科学技术部	交通领域科技创新中长期发展规划纲要（2021—2035年）
2021年12月	国务院	"十四五"现代综合交通运输体系发展规划
2021年11月	交通运输部	综合运输服务"十四五"发展规划
2021年10月	交通运输部	绿色交通"十四五"发展规划
2021年10月	国务院	2030年前碳达峰行动方案
2021年9月	中共中央 国务院	关于完整准确全面贯彻新发展理念做好碳达峰碳中和工作的意见
2021年3月	中共中央　国务院	国家综合立体交通网规划纲要
2020年8月	交通运输部	关于推动交通运输领域新型基础设施建设的指导意见
2019年9月	中共中央　国务院	交通强国建设纲要

（二）技术体系

加快建立从路网级、场景级到设备级，跨宏观至微观层面的技术标准，实现交通负荷资源可观可测、可控可调的闭环集约管理。在交通"源网荷储"一体化系统规划、设计技术体系、高效能高弹性系统装备等领域实现关键技术突破，支撑我国交通系统多态能源综合微网和未来交通系统形态重塑。

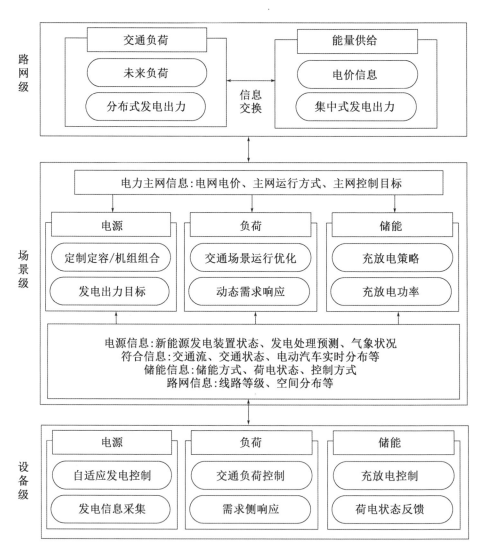

图 17　交通与能源融合关键技术体系

（三）标准体系

《国家综合立体交通网规划纲要》提出"推进交通基础设施网与运输服务网、信息网、能源网融合发展""到 2035 年，基本建成便捷顺

六、保障体系

畅、经济高效、绿色集约、智能先进、安全可靠的现代化高质量国家综合立体交通网",这为交通为能源融合发展指明了方向。为此,须坚持系统观念,加强全局性谋划和战略性布局,增强宏观政策取向一致性,积极破除地方、行业、部门之间的体制壁垒,推进相关行业产业规划、建设技术规范与标准制定;进一步明确交通与能源融合发展的目标和建设重点,建立覆盖交能融合规划设计、融资管理、建设运营、用能监测等全生命周期的技术标准体系;优化交通基础设施绿色能源项目核准与电网接入等审批流程,重构和优化交通与能源融合设施的建设审批、验收流程等体制机制框架。构建灵活、弹性、清洁、高效的交通自洽能源系统规划、设计、建设、运维、管理、优化调度技术体系,研究适配不同场景的交通自洽能源系统,开展"源-网-荷-储-充"灵活性挖掘、多向互动与布局设计技术攻关,建立交通自洽能源系统技术标准规范体系。

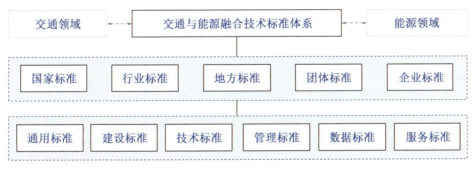

图 18　交通与能源融合技术标准体系框架

(四) 产业体系

交通能源融合产业布局和核心竞争力应从"效率优先"向"战略优先"转移,破解核心领域和关键环节的核心是交通能源融合产业体系完善。交通能源融合发展技术取得了一定成效,但依然面临自主技术体系不强、战略性新兴和未来产业规模小、核心竞争力较弱等问题。探索交通和能源产业发展规律，充分发挥创新主导作用，提升产业全要素生产率，是提升产业竞争力、实现交通高质量发展的根本要求。新质生产力是智能武装与数据引领下劳动者、劳动资料和劳动对象的优化组合与跃进升级，依靠技术创新推动交通能源融合产业创新，依靠产业升级构筑未来竞争优势，有效提升产业创造力，完善现代交通能源融合产业体系。

（五）人才体系

绿色发展是交通高质量发展的底色，交通能源融合正改变着交通运输体系，形成交通新质生产力。发展交通新质生产力，关键在人，关键靠人，人才引领、人才驱动是发展交通新质生产力的本质要求。要牢牢把握交通高质量发展这个首要任务，围绕中心，服务大局，扎实做好强基固本、育才聚才等各项工作，激励引导人才在发展交能融合过程中展现新担当、作出新贡献。通过发展交通与能源交叉学科，建设交通能源融合领域新专业，重构交通能源相关知识在内的交通运输工程知识体系。

七、典型场景

随着交通与能源融合发展的不断深入,其系统融合的模式呈现动态的演进和更迭。系统包含的运输方式、电网条件、资源禀赋、地域特征、负荷需求等五个基本维度的典型场景亦处于动态变化之中。从制定交通能源融合一体化解决方案视角,基于电网条件、资源丰度和负荷需求的差异,考虑不同维度之间的动态演变对场景进行划分,因地制宜地制定差异化的能源配置和管理策略,提高整体能源利用效率和系统可靠性。

(一)运输方式

面对交通领域新型交通建设带来的能源需求的转变,本着充分利用路域、水域自然资源禀赋的原则,重点推动沿线风、光、水、地热、生物质、氢能等多种资源的融合应用。考虑不同交通运输方式下能源供给配置的差异化、能源结构的合理化、出行需求的多样化和运输用能的清洁化,开发路、水域基础用能设施的"源-网-荷-储-充"一体化和分布式资源协同互济的解决方案，满足智能交通运输方式和用能多样化的新属性。

（二）电网条件

既有能源网（主要是电网）是交通高质量发展的重要支撑条件，差异化电网条件下的交通与能源融合发展需要加强政策引导，激发创新潜力，打造多维技术路线，推动交通能源全产业链融通发展。在强电网地区，依托完善的电网基础设施和激励响应政策，优化可再生能源的利用。在弱电网地区，宜最大化本地可再生能源的利用，拓展能源的可及性，提升能源供需系统的弹性。在无电网地区，则需构建交通能源分布式系统和大分布节点互济系统，实现能源自给自足，确保供能持续性。因地制宜开发能源配置，结合智慧能源管理，推动交通能源高效与可持续发展。

（三）资源禀赋

交通运输基础设施蕴含的风能、太阳能、水能等自然资源禀赋，体现着交通系统的自洽能源开发潜力，见表3。发掘交通路域资源，合理利用路侧边坡、收费站、匝道圈、服务区、互通区、沿线建筑屋顶，建设分布式光伏；差异化利用交通域内外大种自然资源，进行资源整合优化利用。如在水光资源富集区域，梯级利用小型水电资源，形成水光蓄互补的能源系统。充分利用路域内外的储能、充换电设施，以及海量电动车或氢燃料、生物质燃料汽车等灵活调节资源特性，发挥其与电网的交互潜能。

全国陆路交通系统光伏发电潜力（截至 2021 年末）　　表3

省 （自治区、 （直辖市）	全年 最佳斜面 总辐照量 （kW·h/m²）	高速 公路 里程 （km）	一级 公路 里程 （km）	铁路 营业 公里数 （km）	隧道 里程 （km）	服务 站数	可供 开发 面积 （km²）	发电潜力 （GW·h）
北京	1675.17	1177	1400	1502	150	48	104.27	174672.68
天津	1635.57	1325	1431	1191	5	54	106.16	173629.79
河北	1699.66	8084	7450	8122	812	324	630.08	1070919.76
山西	1648.51	5763	2841	6252	1047	231	395.28	651627.63
内蒙古	2006.53	6985	8984	14209	51	280	709.34	1423314.88
辽宁	1674.81	4348	4245	6734	269	174	378.22	633454.97
吉林	1667.44	4315	2233	5152	225	173	304.31	507414.26
黑龙江	1683.04	4520	3291	7153	4	181	366.59	616992.85
上海	1342.51	851	480	491	3	35	53.29	71535.87
江苏	1422.1	5023	16038	4398	38	201	666.11	947278.67
浙江	1314.16	5200	8105	3345	2375	209	465.86	612215.50
安徽	1327.65	5146	6171	5410	422	206	439.88	584004.47
福建	1344.91	5810	1504	3988	1917	233	334.25	449537.14
江西	1243.32	6309	3186	5197	333	253	408.81	508275.76
山东	1544.63	7477	12521	7198	143	300	717.32	1107990.43
河南	1369.1	7190	4862	6519	603	288	505.61	692235.78
湖北	1204.82	7378	7569	5227	1176	296	564.13	679673.55
湖南	1106.34	7083	3054	5909	900	284	448.26	495925.37
广东	1303.29	11042	12421	5278	1007	442	833.16	1085847.27
广西	1217.3	7348	1890	5216	1153	294	420.54	511919.76
海南	1528.8	1265	501	1033	59	51	78.36	119796.36
重庆	998.96	3839	1209	2359	843	154	220.89	220655.82
四川	1506.69	8608	4617	5601	1662	345	546.97	824120.42
贵州	1045.64	8010	1459	3873	2535	321	421.39	440626.03

续上表

省 (自治区、 (直辖市)	全年 最佳斜面 总辐照量 (kW·h/m²)	高速 公路 里程 (km)	一级 公路 里程 (km)	铁路 营业 公里数 (km)	隧道 里程 (km)	服务 站数	可供 开发 面积 (km²)	发电潜力 (GW·h)
云南	1625.36	9947	1715	4744	2580	398	518.48	842709.64
西藏	2192.35	407	587	1188	131	17	48.42	106158.16
陕西	1463.73	6484	2180	5630	1812	260	400.78	586635.49
甘肃	1920.52	5540	1166	5338	748	222	330.74	635184.10
青海	2105.48	3503	598	2975	181	141	199.12	419232.90
宁夏	1852.23	2079	2003	1678	35	84	157.84	292357.69
新疆	1927.18	7014	2450	7830	49	281	455.71	878238.24
合计		169070	128161	150740	23268	6780	12230.16	18364181.25

来源：沙爱民，刘状壮，蒋玮，等. 关于交通与能源融合发展的对策与建议[J]. 交通运输决策参考，2023，7（136）：1-21.

（四）地域特征

区域气候、地形、地质、土地利用类型、周边设施、经济与人口特征直接影响交通自洽能源系统的实施。在制定交通智能化和绿色化发展的能源供给方案时，充分考虑地域特征和典型场景，有助于提升方案的可行性和有效性。

综合依据交通网附近的电网条件、资源禀赋丰度、交通负荷特征和所处地域特征，我国公路交通典型场景见表4。实际开展路域新能源开发与利用需要结合交通方式、典型场景进行综合方案设计和规划。例如，在高速公路沿线，在风能丰富的北方地区、光照充足的西部沙漠地区和水资源充沛的南方河谷，重点推动交通与风电、光伏和水电技术的融合应用；在沿海港口和重要水路航道，重点推行综合能源支撑系统，尤其是在沿海和内河航运发达地区，通过岸电动力和绿色载运工具减少碳排放；在轨道交通系统，合理利用沿线和场站风能与太阳能，建立稳定高效的能源供应体系，确保高铁和轨道交通的绿色运营。

我国公路交通能源融合的主要场景划分　　　　表4

场景编号	电网条件	禀赋丰度	负荷特征	主要地区
S1	无	低	分散	四川西部
S2	弱	低	分散	陕川交界
S3	强	高	集中	华北东中部地区
S4	强	中	分散	甘肃南部、云南南部
S5	强	低	分散	华中地区、重庆、贵州等
S6	强	低	集中	华东、华南地区
S7	强	中	集中	京津冀地区
S8	强	高	分散	内蒙古中西部、青海、宁夏、甘肃北部、云南北部等
S9	无	中	分散	黑龙江东北部、藏东南地区等
S10	无	高	分散	西藏（东南部除外）、内蒙古东北部等
S11	弱	中	分散	塔里木盆地、吉林、辽宁、海南等
S12	弱	高	分散	新疆

来源：贾利民，马静，吉莉，等. 中国陆路交通能源融合发展的形态、模式与解决方案［M］. 北京：科学出版社，2020.

（五）负荷需求

建设安全、高效、稳定的新型交通能源供给与保障体系，以满足日益增长的负荷需求。负荷需求规划和精细化管理是实现这一目标的关键环节，宜从负荷分级、运转运维场景能源调度、交通电气化发展、电动汽车的融入等方面进行规划和部署。例如，智慧高速公路沿线的负荷需求呈大样化，不同类型的负荷对供电可靠性和稳定性的要求有所不同，通过分级负荷管理和调控，更高效地满足各类用电需求；在面对自然灾害或突发事件时，系统需要具备高效的应急调度能力，以保障重要设施的正常运行；公路电气化是未来高速公路建设的重要方向，交通工具、电力设施和管理系统的电气化升级有序推进；推动新能源汽车更好地融入新型交通电力系统，有助于交通领域绿色低碳转型。交通自主化变革需要实时采集和处理大量数据，以优化交通管理和能源利用，这要求强大的计算和传输能力，尤其在高效低碳交通能源融合系统中尤为重要。

（六）实践案例

我国各地纷纷以交通光伏项目为抓手，通过投建多场景电站、签订框架协议等多种方式共同推动交通与能源融合发展实践。表 5 汇总了近年来公开的部分交通与能源融合项目案例。各省（自治区、直辖市）纷纷规划和布局交通新能源开发项目或设立交通新能源产业公司，为我国交通行业的可持续、高质量发展注入了新动力。

值得注意的是，目前全国各地开展的交通与能源融合实践更多聚焦在路域建设新能源发电系统，例如在高速公路服务区、沿线边坡、收费场站等地安装光伏发电装置，然后采用"光储充""光储氢"或路域光伏并网等方式为交通设施供能。然而，交通与能源融合发展是更加广泛的概念，上述实践尚处于交能融合的早期阶段。随着实践和研究的推进，交通系统与能源系统将实现更加深度的融合，交能融合的内涵与外延将更加明晰。

七、典型场景

部分交通与能源融合实践案例　　　　　　　　　　表 5

编号	省（自治区、直辖市）	典型项目	主要内容
1	江苏	高速路网光伏	综合交通能源系统
2	浙江	杭州西站屋顶光伏	综合能源系统
3	广西	广西贵贺高速公路光伏	交通自洽能源系统
4	湖南	湖南现代新能源高速光伏	收费站、服务区等光伏发电
5	湖北	孝感西服务区光伏	服务区光伏
6	海南	新能源综合驿站	"光储充"一体化
7	辽宁	全域绿色高速公路智慧能源项目	"光储氢"一体化
8	河北	荣乌高速公路新线分布式光伏	"光储氢"一体化
9	江西	江西交通应急养护基地光伏建筑一体化	"光储"一体化、风电互补
10	贵州	毕威高速公路、平果至南宁高速公路银岭隧道光伏	光伏并网
11	云南	杭瑞高速公路读书铺服务区分布式光伏	光伏并网
12	青海	海南藏族自治州共和县高速公路光伏	光伏并网
13	内蒙古	公路全路段光伏	光伏并网
14	宁夏	银百高速公路分布式光伏	光伏并网
15	甘肃	青兰高速公路会宁服务区分布式光伏	光伏并网
16	山西	太忻高速公路光伏	光伏并网
17	新疆	新疆阿乌高速公路分布式光伏	交通自洽能源系统
18	黑龙江	东部片区高速公路光伏	光伏并网
19	河南	周口东服务区光伏	零碳服务区
20	安徽	京台高速公路肥东服务区光伏	零碳服务区
21	山东	枣菏高速全路域交能融合示范	"光储充"一体化
22	四川	攀大高速公路	"光储充"一体化
23	重庆	江北区绿色智慧出行示范站场光伏	充换电站一体化
24	广东	长深高速公路河惠段梁场光伏	"光储充"一体化
25	福建	沈海高速公路龙掘东服务区屋顶光伏	"光储充"一体化

八、发展趋势

（一）政策和标准体系建设更加完备

交通能源融合领域政策和标准化工作体系筹协调更加顺畅，系统推进更加务实，新兴技术与应用创新引领更加显著，体系建设开放兼容更加丰富。

（二）交通与能源融合程度更加深入

交通基础设施与综合能源系统一体化集约水平进一步提升，交通能源自洽与能源微网化程度进一步提高，交通运输体系运行绿色化程度进一步增强。

（三）市场化和产业化运作更加顺畅

交通能源融合产业各类主体协作更加规范、高效，交通能源融合发展环境与民生友好水平进一步提升，交通自洽能源支撑的发展模式更加丰富。

（四）技术与人才供给更有保障

交通能源融合发展人才需求更加明确，交通能源融合学科体系建设进一步强化，人才培养体系日趋完善，人才培养的针对性、适应性和前瞻性进一步加强，人才驱动的领域技术供给能力进一步提升。

结　　语

　　《交通与能源融合技术发展（2023）》的发布恰逢其时，为我国交通与能源融合发展领域的跨行业、跨领域、跨部门创新发展提供了参考指引，为新形势下安全、便捷、高效、绿色、经济的现代化综合立体交通运输体系构建提供了交通自洽能源系统发展的科技和产业创新参考路径，为我国交通领域能源转型和交通自洽能源系统科技创新、工程实践和发展规划提供了重要依据，并在行业内产生了积极影响。

　　作为交通与能源融合发展领域的重要文献，在系统总结近年发展成果、梳理发展趋势和方向的基础上，在相关各界的关注和支持下，在广大同仁的共同努力下，按例编制形成《交通与能源融合技术发展（2024）》，力争全面阶段性地反映该领域科技和产业的发展环境、创新成果、发展趋势、重点任务和发展预见。今后，本书将继续保持动态更新完善，在交通与能源融合技术发展领域持续总结实践、展示成就、凝聚共识、支持决策、引领发展，在交通与能源融合领域的发展方向引导和重要趋势指引等方面发挥积极作用。

附件

交通与能源融合技术发展

（2023）

长安大学交通与能源融合研究院

WTC 交通与能源融合学科委员会

2023 年 6 月

交通与能源融合技术发展
（2023）

主　　编：沙爱民　贾利民

参编人员：刘状壮　胡力群　蒋　玮　王　飚

孙泽强　廉向东　张懿璞　代　亮

徐先峰　柯　吉　李茂文　马　静

孟春雷　罗小刚　马莲霞　金成日

主编单位：长安大学交通与能源融合研究院

WTC 交通与能源融合学科委员会

参编单位：北京交通大学

华北电力大学

交通运输部公路科学研究所

新疆交通投资（集团）有限责任公司

广西交通投资集团有限公司

新疆交通建设集团股份有限公司

北京能高自动化技术股份有限公司

目录

编制概要 ··· 51

一、基础作用 ··· 53
 （一）交通和能源是人类社会经济发展的基础驱动力 ············ 53
 （二）交通和能源是人类文明发展历史的断代标志 ··············· 54
 （三）交通与能源融合是交通科技创新发展的必由之路 ·········· 54

二、形势需求 ··· 56
 （一）国家总体安全保障需求 ································· 56
 （二）"双碳"目标导向的能源转型需求 ························ 57
 （三）社会经济运行的弹性保障需求 ··························· 57
 （四）交通高新技术及产业的发展需求 ························· 58

三、发展目标与策略 ·· 60
 （一）战略目标 ··· 60

（二）发展目标 ……………………………………… 61
　　（三）发展策略 ……………………………………… 62

四、主要任务 …………………………………………… 63
　　（一）交通基础设施资产能源化与自洽能源系统构建 …… 63
　　（二）交通自洽能源系统构型与优化 ……………… 63
　　（三）交通系统用能清洁化与绿色运维技术 ……… 64
　　（四）交通自洽能源系统配置、优化与稳定性保障 …… 64
　　（五）交通自洽能源系统规划、设计与管理 ……… 66

五、发展路线图 ………………………………………… 67

六、保障体系 …………………………………………… 70
　　（一）政策体系 ……………………………………… 70
　　（二）技术体系 ……………………………………… 71
　　（三）标准体系 ……………………………………… 72
　　（四）产业体系 ……………………………………… 73
　　（五）人才体系 ……………………………………… 73

七、典型场景 …………………………………………… 75
　　（一）运输方式 ……………………………………… 75
　　（二）电网条件 ……………………………………… 76
　　（三）资源禀赋 ……………………………………… 76
　　（四）地域特征 ……………………………………… 76
　　（五）负荷需求 ……………………………………… 77

八、发展趋势 ·· 78
　（一）政策和标准体系建设更加完备 ·················· 78
　（二）交通与能源融合程度更加深入 ·················· 79
　（三）市场化和产业化运作更加顺畅 ·················· 79
　（四）技术与人才供给更有保障 ······················ 79

结语 ·· 81

编制概要

古往今来,科技进步与产业变革一直是人类社会经济基础、社会形态和多样文明的塑造者和发展先行者。以往的三次工业革命和近现代文明是建立在土地、劳动力、资本、技术等生产要素及其组织基础之上,交通与能源的科技和产业协同进化在人类社会的繁衍发展与文明递进演化过程中发挥了决定性作用。

当今,在百年未有之大变局的历史背景下,人类正面临着资源紧缺、气候变化、环境污染等空前挑战,正在发生的科技和产业革命,使得绿色、低碳、可持续发展成为可能。其中,利用交通资产能源化、交通用能绿色化的交通与能源融合发展,无疑将在未来人类生存方式的塑造中扮演重要角色。

交通与能源融合是技术融合驱动的模式融合、形态融合和产业融合,是在融合新兴绿色和清洁能源技术基础上,对既有交通技术、模式、体系和资源组织利用方式的系统化、创新性重构。新形势下,交通与能源的融合发展迫切需要包括作用、需求、目标、策略、任务、路径和保障等在内的清晰蓝图,以便于在交通强国、碳中和以及国家总体安全目标的导向下，系统有序地开展科技、产业和应用创新。

《交通与能源融合技术发展（2023）》在概括交通与能源融合发展作用和需求背景的基础上，提出了交通与能源融合的发展目标和策略，明确了其技术创新的主要任务，绘制了面向未来的交通与能源融合技术发展路线图，探讨了交通与能源融合技术和应用发展的保障体系，展示了交通与能源融合发展的典型场景，初步明晰了交通与能源融合发展在政策和标准、技术体系、产业体系、人才体系等方面的努力方向。

《交通与能源融合技术发展（2023）》是在国家、行业、地方和企业科技创新与应用实践的支持下，在深入思考、系统总结和凝聚共识的基础上形成的。希望能起到抛砖引玉、共襄盛举的作用，为参与交通与能源融合技术、产业和应用创新的同仁们在研究、规划、设计、建造、运营和管理等方面提供参考和借鉴。

一、基础作用

（一）交通和能源是人类社会经济发展的基础驱动力

交通和能源是人类文明进步和发展的基础性保障。 食、住、行，是人类社会发展的三大物质基础，分别对应着农业、建筑和交通。其中，食和行，即农业和交通，都严重依赖能源保障。因此，农业、交通和能源，共同构成人类文明进步和发展的三大基础保障。

交通和能源同为战略性、基础性、全局性行业，和人类社会共生共荣。 交通和能源与人类文明的发展广泛且紧密联系，二者的融合与协同发展决定着人类社会经济的发展模式和文明发展水平。能源利用模式决定了交通方式，交通形态决定了主力能源类型。因此，能源是交通发展的基础保障，交通是包括能源在内众多产业的发展先行官。交通与能源的融合发展水平，是人类社会经济发展模式以及发展水平的集中体现。人类文明的发展史，就是交通、能源及其融合的演化和进步史。

（二）交通和能源是人类文明发展历史的断代标志

交通和能源在人类发展历史上一直存在着互相依存、协同演进的共生关系。交通解决位移问题，位移需要能源；能源的空间转移靠交通。交通领域的载运工具、基础设施和管理服务系统的正常运行需要充足的能源提供支撑，而各种固态、液态、气态能源的运输离不开四通八达的交通网。

交通方式及其能源利用模式是人类文明发展阶段的重要标志。在人类历史上，蒸汽机的发明标志着人类社会从以生物质能源驱动的农业社会进入了以化石能源驱动的工业社会，其间发生了第一次工业革命和第二次工业革命。电力的应用使交通动力从蒸汽化、油气化阶段迈入电气化阶段。信息革命的爆发，使交通与能源的融合与协同模式具备更高的效率、安全性和弹性。在现代社会和后现代社会，交通的发展正在迈向以客货运输为目的、以设施联通为基础、以能源联通为保障、以信息联通为赋能的运输服务网、基础设施网、能源网、信息网"四网"融合阶段。

（三）交通与能源融合是交通科技创新发展的必由之路

交通运输的发展水平是国家和地区经济社会发展水平的重要标志。我国已建成了世界上总体规模最大的综合交通运输系统，其中高速公路和高速铁路运营里程位居世界首位，水路与民航运输作用日益凸显、地位举足轻重。现代社会经济的发展，需要更安全、更高效、更绿色、更智慧的现代交通运输系统。

交通与能源融合是交通向绿色化发展的能源结构转型及其科技创新

发展的必由之路。以清洁能源利用为标志的交通用能绿色化、以路域可再生能源利用为标志的交通资产能源化,以及交通与能源的系统自洽,在信息化、智能化赋能/使能下,可实现更高的安全性、效率和服务水平,推动交通系统产业转型与升级,推进交通设施与能源设施统筹布局规划建设。交通与能源技术和产业的深度融合,将为社会经济的持续创新发展描绘面向未来的道路和崭新图景。

图1 由新能源驱动的交通系统

二、形势需求

当今世界面临百年未有之大变局，国家总体安全保障、"双碳"目标导向的能源转型、社会经济运行的弹性需求和交通高新技术产业发展都面临着巨大的挑战和新的发展机遇。交通与能源融合将为新形势下应对各方挑战、塑造新型交通系统，以及推动社会经济发展形成新模式和新路径提供关键支撑和保障。

（一）国家总体安全保障需求

百年未有之变局态势下，我国交通对化石能源的庞大需求导致我国油气对外依存度居高不下，国家能源安全面临前所未有的挑战。为了全面、系统、深入地贯彻实施"交通强国"战略和"四个革命、一个合作"能源安全战略，必然要求交通与可再生能源的融合发展。实现具有典型的高动态时空分布特征的交通系统用能的分布式自洽供给，是国家能源安全与总体安全强有力的支撑和保障。

(二)"双碳"目标导向的能源转型需求

交通作为三大能源负荷和高碳排放行业之一,其能源结构转型是全社会减排和实现"双碳"目标的关键举措。通过全过程设计和全生命周期规划,明确交通减排的重点和方向,以交通系统绿色化、交通能源清洁化发展需求为引领,通过绿色交通与可再生能源深度融合,加速我国交通用能从高碳向低碳、零碳方向发展,助力"双碳"目标实现。

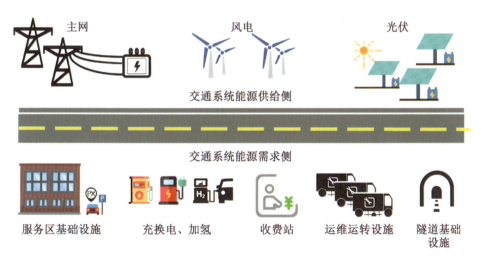

图 2 交通系统能源供给与负荷需求

(三)社会经济运行的弹性保障需求

社会经济运行的弹性依赖交通系统的连通性和通行能力的可靠性,交通系统运行的经济性在很大程度上取决于能源的可及性与高效性。交通能源的全天候持续供给保障,是交通发挥社会经济运行基础作用的前提。交通能源自洽不仅是交通系统抵御既有能源供给脆弱性的必然选择，也是解决交通智能化发展的能源可及性约束的关键所在。交通与可再生能源的深度融合，为满足交通弹性运行和社会经济安全运行需求提供了切实的可能性。

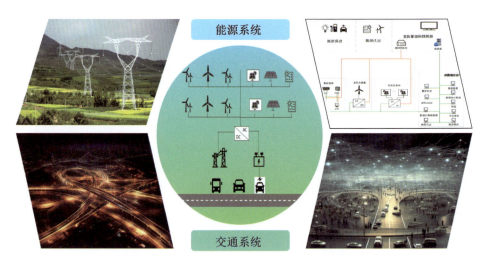

图3　社会经济运行依赖交通网与能源网弹性

（四）交通高新技术及产业的发展需求

交通和能源都是国家科技成就和产业能力的集大成行业，其发展水平是国家社会经济发展和竞争力水平的重要标志。当前，我国正处于科技创新驱动社会经济发展和产业转型的关键时期，知古鉴今，新形势下的交通与能源融合必将促进交通和能源相关的新技术、新业态、新产业和新模式的形成与发展。交通与能源融合将促进可再生能源应用，改变交通与能源互动关系，优化交通能源结构，引领交通的绿色化、智能化和弹性化方向发展，促进交通能源动力变革。交通与能源融合的相关高新技术和产业发展，将为我国社会经济和产业体系发展模式转型提供基础性、全局性和战略性支撑。

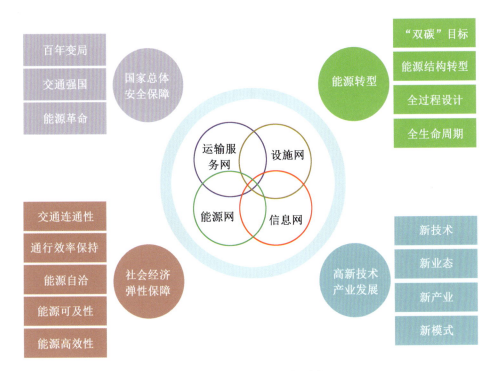

图 4 交通能源融合形势需求

三、发展目标与策略

（一）战略目标

保障交通运输系统弹性。全方位保障交通能源供给安全，实现全交通域的连通性。完善不同种类低碳能源的交通供给，并在空间上实现交通与能源的匹配平衡关系。为绿色智慧、安全高效的新型交通体系用能安全构建基础支撑。

发展新型综合交通系统。以清洁化、绿色化的新能源为主体的综合交通实现运输服务网、基础设施网、信息网与能源网的"四网"融合发展，使智能化、绿色化取得实质性突破，形成交通运输领域绿色产能用能方式，促进交通运输发展向世界一流水平迈进。

实现交通系统模式变革。需要尽快建立起推动绿色交通发展亟须且事关全局的关键制度，解决绿色交通发展的原生动力和支撑能力问题，全面建成以绿色发展为导向的制度标准体系、科技创新体系、监督管理体系。

强化交通强国科技支撑。全面提升路域新能源开发利用的创新能力，建成与国情相适应的、完善的交通能源融合技术创新体系，支撑我国交通能源产业与生态环境协调可持续发展，实现交通强国与能源安全战略。

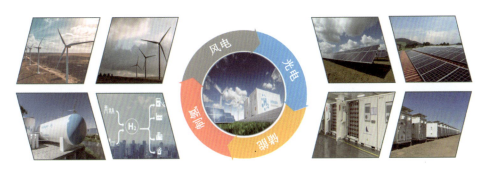

图 5　交通系统能源自洽与互济保障

（二）发展目标

引领交通能源结构转型及弹性提升。坚持统筹兼顾、全面规划。在保障清洁能源安全可靠的前提下，逐步减小化石能源在交通能源中的占比。完善交通能源弹性体系与能力建设，推进能源供给与交通基础设施的信息智能交互，建立多源多态能源供应体系，实现交通系统的能源结构转型与弹性提升。

摆脱交通智能化发展的能源可及性约束。从智能交通基础设施自身运行的特点和交通负荷的多样能源需求出发，坚持以可持续的清洁能源研发为重点，以持续供应可靠和经济的清洁能源为驱动，率先解决自然禀赋丰度高地区的能源可及性不足的问题，实现智能交通供用能多样化，全面提升交通智能化水平。

保障交通节能减排和绿色化的科技供给。加快绿色低碳交通运输方式科技创新，推进低碳交通运输体系建设，降低运输流程碳排放，加快新能源应用，构建清洁、绿色和经济的交通能源系统，实现交通系统能源自洽，促进交通与能源融合，推动交通运输高质量发展，助力"双碳"目标实现。

提升交通运输系统安全和服务水平。完善交通与能源基础设施安全技术标准规范、安全生产和工程建设质量管理体系，强化新型交通基础设施运营与管理专业化、信息化水平和多样化用能支撑保障体系、交通能源应急保障能力。培育充满活力的交通能源市场，建立高效便捷的服务体系，推动交通能源服务升级换代，加速交通服务新业态新模式，推进交通能源终端和末端公共服务平台建设与水平提升。

（三）发展策略

坚持目标引领。瞄准"人民满意、保障有力、世界前列"的交通强国目标，推动交通能源结构转型，促进交通行业与能源产业的深入融合发展，支撑实现"双碳"目标。

坚持创新驱动。坚持目标引领、重点突破、协同融合、自主开放。加强关键共性技术、前沿引领技术、现代工程技术、颠覆性技术研发应用，加快交通与能源融合相关技术升级与变革。

坚持深化改革。坚持市场引领、依法推进、注重实效、统筹兼顾。打破交通与能源行业壁垒，营造适合交通与能源融合发展的政策、体制和机制环境，构建交通与能源融合技术健康发展的良好生态。

坚持高质量发展。坚持质量第一、创新驱动、效益共享。开展系统化的顶层设计，实现交通与能源一体化规划、设计、建设、管控和运营。产学研用紧密结合，构建完备的交通与能源融合技术体系。

四、主要任务

（一）交通基础设施资产能源化与自洽能源系统构建

实现复杂因素下交通域自然资源禀赋及多类型交通基础设施资产能源化，建立交通多元多态能源交织融合模式、高效变换方法及装备体系。根据路域自然资源分布特性，协同交通系统运维需求，通过对交通基础设施运维用能场景的模拟推演，建立交通基础设施资产能源化技术体系。形成交通系统分布式、清洁化、可再生、易补给、近零碳能源供给系统，构建交通自洽能源系统。

（二）交通自洽能源系统构型与优化

确立灵活柔性交通自洽能源系统架构，实现信息网支撑下的交通网和能源网的能量互动、多目标协调与互济调控。确立交通自洽能源系统分层控制与自洽管理策略，开发交通自洽能源管理技术与保障技术。形成差异化自然禀赋条件下由运输服务网、基础设施网、信息网、能源网

"四网"融合的交通自洽能源系统网络构型理论与方法，确保系统的安全性、稳定性、经济性和环保性。

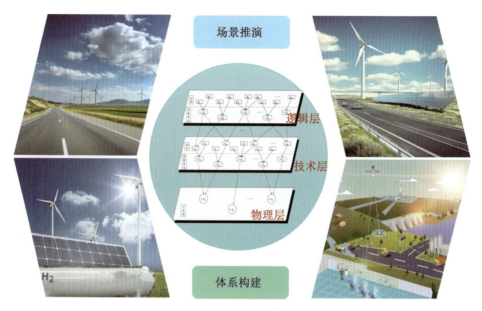

图 6　交通与能源融合场景推演与体系构建

（三）交通系统用能清洁化与绿色运维技术

持续推动交通载运装备及运维运转装备用能清洁化、动力高效化、结构轻量化，实现交通设备与可再生能源的高度适配。揭示交通多场景用能机理，实现交通用能需求互动。确定交通系统与自洽能源系统协同运维策略，实现交通系统全面绿色、低碳和零碳运维。

（四）交通自洽能源系统配置、优化与稳定性保障

深化交通自洽能源系统的高效运行和稳定性保障，发展可再生能源消纳、交能负荷响应管控、高效能与高弹性运行与优化的交通能源自洽

技术。形成交通自洽能源系统电力变换、互联器件等装置装备谱系，实现交通自洽能源系统配置、优化与安全稳定运营保障。

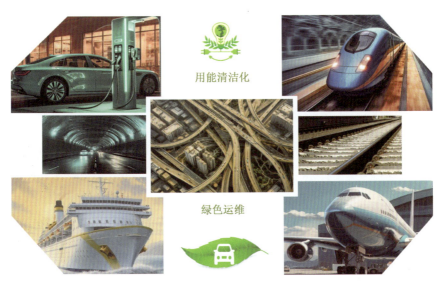

图 7　交通用能清洁化与绿色运维

图 8　交通自洽能源系统配置、优化与保障

（五）交通自洽能源系统规划、设计与管理

在充分考虑多源多态能源传输与利用特点和交通多场景融合的基础上，形成交通自洽能源系统一体化规划设计理论与方法，构建交通能源系统基础设施规划和设计技术体系，开发具备多场景适配大模型特征的交通自洽能源系统规划、设计与管理大型软件系统。

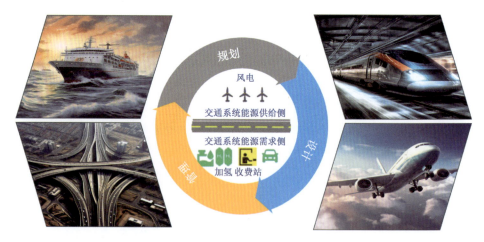

图 9　交通自洽能源系统规划、设计与管理

五、发展路线图

以交通与能源融合的主要任务为导向,并以引领交通能源结构转型及弹性提升、摆脱交通智能化发展的能源可及性约束、保障交通节能减排和绿色化科技供给、提升交通安全和服务水平为发展目标,全面促进交通与能源融合的高质量发展。

图10 交通与能源融合发展多层目标体系

综合考虑运输方式、电网条件、资源禀赋、地域特征以及用能需求等特征情况，我国交通与能源融合发展的规划可分为"优先发展""持续发展""巩固发展"三个阶段。交通与能源融合发展的实施可先从区域交通领域入手，逐步扩大到跨区域交通领域，最后覆盖整个交通运输领域。交通与能源融合发展的减排目标可从区域路网减排，到跨区域协同减排，最终实现全领域排放清洁化。

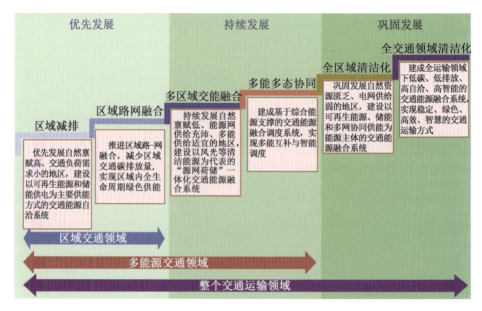

图 11　交通与能源融合发展路线

优先发展阶段：优先发展自然禀赋高、交通负荷需求小的地区，建成以可再生能源和储能供电为主要供能方式的交通能源自治系统，减少区域交通碳排放量，实现区域内全生命周期绿色供能。

持续发展阶段：持续发展自然禀赋相对低、能源供给充沛、多能供给适宜的地区，建成以风光等清洁能源为代表的"源网荷储"一体化交通能源融合系统，实现多区域综合能源的智慧调度。

巩固发展阶段：巩固发展自然禀赋较低、电网供给弱的地区，以可再生能源、储能和多网协同供能为能源主体,以稳定、绿色、高效、智慧的交通运输服务为目标,建成全运输领域下低碳、低排放、高自洽、高智能、高弹性的交通能源融合系统,全面服务和保障交通强国建设。

六、保障体系

加强政策机制的融合创新；大力推动交通清洁能源替代的技术创新；加强能源与交通领域标准规范的对接协调，优化交能融合技术标准化水平；打造能源与交通全方位融合的产业链，全力构建交能融合创新共同体；凝聚各领域顶尖优秀人才合作与复合型人才培养。

（一）政策体系

1. 完善顶层设计，加强交通与能源融合总体发展战略规划

将交通与能源融合发展纳入国家发展战略，普及交通与能源融合概念及其内涵。开展交通与能源融合发展规划研究和顶层设计，持续引领交通与能源融合技术发展。

2. 制定扶持政策，尝试市场化交通与能源融合的运营新模式

充分发挥政策引导作用，扶持与激励相关高校、企业或团体开展试点示范；发挥市场机制在交通、能源及二者融合领域的资源配置决定性作用,构建基于市场机制运营的交通能源融合新模式。

3. 吸纳国际经验,构建国际化交通能源融合的合作平台

积极开展交通与能源融合的国际合作研究和技术交流,加快对国际交通能源融合领域先进典范与成功案例的引进吸收,打造跨国界、跨领域、跨专业的国际合作平台。

4. 保持鲜明特色,形成适应我国发展需求的交通能源融合学科体系

加强能源与交通两大领域的交叉学科、跨界融合技术的创新发展,构建交通与能源融合领域学科体系,深化其基本科学内涵。

(二)技术体系

1. 加强技术攻关,推动建立负荷侧资源利用技术标准

加快建立"源网荷储"相关终端设备、通信接口、并网运行和控制等技术标准,实现交通负荷资源可观可测、可控可调的闭环集约管理。

2. 引领产业升级,持续深化可调节负荷精准控制技术应用

推动交通负荷监测系统、负荷聚合平台、负荷智能控制终端建设,提高交通系统负荷调节的精度。

3. 统筹社会资源,深入开展能源数字技术应用和综合能源服务

利用交通能源大数据技术,加强负荷侧数据分析,刻画负荷行为和画像,提供能效管理等综合能源服务。

4. 优化创新体系，逐步突破交通能源融合领域基础性和系统性关键技术

在交通"源网荷储"一体化系统规划、设计技术体系、高效能高弹性系统装备等领域实现关键技术突破，支撑我国交通系统多态能源综合微网和未来交通系统形态重塑。

（三）标准体系

1. 坚持目标导向，全面对接推进交通能源融合发展的目标任务

优化完善适应加快交通强国建设的绿色交通标准体系，加强交能融合标准规范基础研究，加紧完善交通行业与能源行业融合的标准规范体系。

2. 坚持协调衔接，充分体现人与自然和谐共生的理念

强化标准间相互协调、相互补充，提升交通运输绿色治理能力水平。通过标准体系构建，优化标准化治理结构，增强标准化治理效能，提升标准化水平。

3. 坚持突出重点，在重点领域和关键环节集中发力

加快推进服务碳达峰和碳中和目标、以点带面实现突破性进展。全力拓展交能融合场景应用范围，完善交能融合政策标准体系。

4. 坚持创新引领，加快科技创新成果转化为标准的进程

保持标准体系建设的适度超前，鼓励结合地区特点制定地方性交通能源融合标准规范，鼓励交通运输企业和能源企业制定严于国家标准、行业标准的企业标准。

（四）产业体系

1. 市场需求驱动，深化支撑"源网荷储"互动的市场机制

将需求侧响应纳入服务市场，提高收益水平。加快衔接省（自治区、直辖市）间和跨省（自治区、直辖市）辅助服务市场，优化配置交通"源网荷储"调节资源。

2. 博弈策略优化，建立常态化实时需求侧响应激励机制

探索建立需求响应常态化机制，遵循公平合理原则，建立长效的需求侧响应激励机制，需求侧资源能够依据激励手段主动参与系统调节需求。

3. 市场行为约束，逐步健全负荷侧资源辅助服务竞价机制

建立负荷侧资源辅助服务市场，引导低成本市场主体积极参与，进一步完善负荷侧竞价机制，制定需求响应交易规范，优化市场监管办法。

4. 量化目标整合，建立需求侧响应参与清洁能源消纳的交易机制

按照"谁受益、谁出资"原则，针对填谷需求侧响应，建立清洁能源消纳交易机制。

（五）人才体系

1. 营造优良环境，培育创新型高水平的交通与能源专业科技人才

坚持高精尖缺导向，培养一批高水平的战略科技人才、科技领军人才、青年科技人才和创新团队。

2. 逐梦制造强国，打造素质优良的精通交通与能源领域复合型人才

弘扬劳模精神和工匠精神，造就一支素质优良的知识型、技能型、创新型的工程师军团。

3. 优化人才结构，提高领导队伍国际化创新力和领导力

注重专业能力培养，增强干部队伍适应现代化综合交通与能源发展要求的能力，打造具有家国情怀和国际视野的交通与能源融合领域干部队伍。

4. 构建学科生态，助推交通能源融合行业可持续发展

以学科的可持续发展为目标，结合国家能源交通发展规划和战略要求，综合多学科特点，加快交通、电气和能源动力等学科的协同发展，全面打造特色学科体系。

七、典型场景

针对我国交通与能源融合发展的场景与模式，按照路域自然资源禀赋不同，通常依据主导地位的禀赋和交通负荷配置方案。典型应用方案核心考虑要素包括运输服务网、基础设施网、信息网与能源网特征，及"四网"互动条件。典型场景根据主要特征，按照运输方式、电网条件、资源禀赋、地域特征、负荷需求等五个基本维度进行划分。

（一）运输方式

公路交通、水运交通、轨道交通、空中交通、城市交通等不同的交通运输方式是典型场景的重要因素。

不同运输方式的碳排放比重差异明显。 公路运输是交通领域碳排放的重点，其碳排放量占交通领域碳排放总量的 86.76%。水路运输碳排放占比为 6.47%，民航运输碳排放占比为 6.09%，铁路运输碳排放占比为 0.68%。

不同运输方式的出行需求存在区别。 高铁、民航、小汽车出行占比不断提升，城市群旅客出行需求更加旺盛；东部地区仍将是我国出行需求最为集中的区域，中西部地区出行需求增速加快；货物运输需求稳中有升，高价值、小批量、时效性强的需求快速攀升。

不同运输方式的能源结构调整方向存在差异。公路、铁路等陆路交通以风、光、水、氢等绿色能源为总体发展方向；水运领域重点在岸电利用、绿色载运工具等方面开展攻关；民航领域则聚焦民航机场节能和电驱动航空器。

不同运输方式在交通能源融合发展中的任务各有侧重。高速公路实现全路域全生命周期绿色供能，港口航道配套基于综合能源支撑的智慧调度系统，轨道交通构建稳定、绿色、高效的能源供应体系，城市交通提供绿色、智慧出行服务。

（二）电网条件

既有能源网（主要是电网）是交通高质量发展的重要支撑条件，电网条件可分为强电网、弱电网、无电网三类。

（三）资源禀赋

交通运输基础设施所蕴含的风能、太阳能自然资源禀赋，体现着交通系统的自洽能源开发潜力。

（四）地域特征

交通运输基础设施沿线途经的地域特征主要包括气候、地形、地质、土地利用类型、周边设施、经济与人口特征等因素，影响交通自洽能源系统的工程应用。

（五）负荷需求

交通运输系统的负荷需求可分为基础设施负荷与载运装备负荷两大类。基础设施负荷可以将运输系统中的重要用能节点视作负荷单元，包括围绕基础设施正常服役开展的维养管等用能需求。以公路交通为例，其基础设施用能包括道路、隧道、桥梁、服务区、收费站、养护工区以及沿线设备用能等。

八、发展趋势

（一）政策和标准体系建设更加完备

统筹协调。统筹推进交通能源融合领域政策和标准化工作协调衔接，积极引导相关行业广泛参与，形成部门协同、上下联动、运转高效的政策和标准化工作体系。

创新引领。围绕构建适应高质量交通能源融合发展的目标，加强新兴领域技术创新与应用，形成导向明确的行业发展政策和先进的技术标准，支撑引领行业高质量发展。

系统推进。坚持交通能源融合的系统理念，强化标准实施效果评估与反馈，推动政策和标准实施应用。

开放兼容。提升交通能源融合标准国际化水平，进一步深化国际交流与合作，加快推进国际国内标准一体化进程，提高国内外标准一致化程度。

（二）交通与能源融合程度更加深入

集约一体。优化交通基础设施空间布局，推进交通基础设施与综合能源协调融合，建设集约化、一体化的能源自洽交通基础设施。

能源保障。系统性建立与交通基础设施相适配的综合能源微网技术体系，构建支撑交通能源自洽系统的综合能源微网协调互济调控技术方案。

体系高效。加快构建运输结构更加合理、公众出行更加低碳、载运工具更加节能、交通设施更加环保、运输组织更加高效的绿色交通运输体系。

（三）市场化和产业化运作更加顺畅

协作发展。构建交通能源融合产业共同体，构建健康市场规范，促进行业良性发展，开创互利共赢的全新局面。

环境友好。考虑交通能源融合技术的系统性、稳健性，重视能源安全要素的稳定供给、价格可承受、环境友好的有机统一。

交通零碳。通过交通工具创新与服务模式变革等技术创新，助力提升出行和运输组织的效率。同时，绿色产能扩大、减碳技术研发与绿色出行激励也需要金融赋能。

（四）技术与人才供给更有保障

战略导向。坚持科技是第一生产力、人才是第一资源、创新是第一动力，深入实施科教兴国战略、人才强国战略、创新驱动发展战略。

目标引领。努力开辟发展新领域新赛道，不断塑造发展新动能新优势。

三位一体。坚持教育优先、科技自立自强、人才引领驱动，全面提高交通能源融合人才的自主培养质量。

结　　语

交通与能源融合发展是跨行业、跨领域、跨部门的技术、产业、应用的体系化创新工程，是新形势下构建安全、便捷、高效、绿色、经济的现代化综合交通运输体系的现实需求和交通能源结构转型的关键，是支撑实现国家"双碳"目标的必由之路。

《交通与能源融合技术发展（2023）》作为交通与能源融合发展领域的重要文献，今后将在相关各界的关注和支持下，在广大同仁的共同努力下，不断更新完善，力争全面反映该领域的阶段性科技创新、应用实践、产业发展和运营管理创新成果，滚动揭示发展方向和重要趋势，在成就展示、实践彰显、共识凝聚、决策支持和发展引领等方面发挥积极作用。